Andrea Küssner-Neubert u.a.

W0318982

BLÄTTER, STEINE & KASTANIEN

Wir basteln mit Naturmaterial

CV

INHALT

NATUR PUR!

Es gibt nichts Schöneres, als viel Zeit in der Natur zu verbringen. Was man da alles entdecken kann! Einiges von dem, was man – je nach Jahreszeit – draußen so findet, kann man stolz mit nach Hause nehmen: schöne Zweige, Muscheln, Sand, Kastanien, Eicheln, Steine, bunte Blätter, Schneckenhäuser, Beeren, Zapfen und noch viel mehr. In Verbindung mit Papier, Filz, Wolle, Farben und Materialien aus der Küche entstehen aus solchen Fundstücken hübsche kleine Kunstwerke, die Du selbst behalten oder auch wunderbar verschenken kannst.

In diesem Buch findest Du tolle Bastelideen für das ganze Jahr. Wie wäre es mit einem niedlichen Türkranz mit Fuchs, um den Frühling zu begrüßen? Oder mit Fensterbildern aus gepressten Blättern, Kastanienwichteln oder einem Kürbis-Weihnachtsmann? Auch für den Winter findest Du hier allerlei tolle Anregungen und Ideen!

Viel Spaß beim Basteln!

NATURMATERIAL ...

... sammeln

Naturmaterial am besten immer umweltverträglich und verantwortungsbewusst sammeln, nur so bleibt die Natur erhalten. Nur Zweige, Äste oder Früchte verwenden, die abgefallen sind oder von gefällten Bäumen stammen. Nichts abreißen. Keine Pflanzen verwenden, die unter Naturschutz stehen!
Zum Sammeln luftdurchlässige Stofftaschen oder Kartons verwenden, damit die feuchten Naturmaterialien nicht faulen oder schimmeln.

... trocknen

Nach dem Sammeln das Material sortieren, leicht säubern und einzeln auf Zeitungspapier ausbreiten. Nicht zu warm trocknen, sonst wird alles schnell spröde.
Einzelne Blätter zum Pressen zwischen Zeitungspapier legen, mit Büchern beschweren und einige Tage an einem nicht zu warmen Ort trocknen.
Nicht alle Naturmaterialien eignen sich zum Basteln, manche werden unansehnlich oder zerfallen. Einfach ausprobieren!

... aufbewahren

Getrocknete oder gepresste Naturmaterialien luftig in Schuhkartons aufbewahren. Nicht zu viele übereinanderlegen oder in Plastik verpacken, sonst schimmeln sie.

Grundausstattung unserer Hilfsmittel

Bleistift, weicher Radiergummi, Lineal, Kohlepapier, Transparentpapier (Butterbrotpapier oder Architektenpapier), dünne Pappe (für Schablonen), Bastelschere für Kinder, Cutter mit Schneideunterlage oder spitze Schere, Zackenschere, Klebstoff (Bastelkleber, Kraftkleber, Alleskleber, Heißkleber), Filzstifte, Buntstifte und Lackstifte in verschiedenen Farben, Plakat- und Acrylfarben, Schulmalfarben, Deckmalfarben, Fingermalfarben, Pinsel in verschiedenen Größen, Zirkel, dicke Nähnadel, Dosenpiker, kleiner Seitenschneider (um Draht und dünne Äste zuzuschneiden), Kastanienbohrer, Nussknacker, Küchenmesser.

Wie werden Vorlagen übertragen?

Für das Übertragen von Vorlagen bitte Kohlepapier zwischen Vorlage und Werkmaterial legen, Motiv mit Bleistift durchpausen. Falls nötig, Vorlage an die Größe des Naturmaterials anpassen, zum Beispiel durch Vergrößern bzw. Verkleinern per Fotokopierer oder Einscannen und bearbeiten am Computer.

Eigene Schablonen anfertigen

Werden Motive mehrfach benötigt, Schablone anfertigen: Motiv auf Transparentpapier (Butterbrotpapier oder Architektenpapier) übertragen. Mit Klebestift flächig auf dünne Pappe kleben und ausschneiden. Schablone auf das Werkmaterial legen, Umrisse mit Bleistift umfahren.

Kreisformen

Runde Formen per Zirkel oder alternativ mithilfe von Schalen, Tassen oder Tellern in der passenden Größe erzeugen. Dafür den Gegenstand auf das Papier legen und mit dem Bleistift umfahren.

Verschiedene Schneidemittel

Besonders empfehlenswert für Kinder: spezielle Kinderbastelscheren (in Rechts- oder Linkshänderversion) mit abgerundeten Spitzen, die es mit glatten Schneiden, aber auch für Wellen- oder Zickzackschnitte gibt. Beim Schneiden das Werkstück in der Hand drehen. Bleistiftlinien dabei wegschneiden oder später wegradieren. Beim Schneiden mit dem Cuttermesser am besten von einem Erwachsenen helfen lassen.

Kleben

Je nach Material: Bastelkleber, Kraftkleber (ohne Lösungsmittel), Alleskleber oder Heißkleber verwenden.
Vor dem Kleben die einzelnen Teile immer einmal richtig anordnen, damit hinterher alles passt. Klebstoff sparsam und etwas vom Rand entfernt auftragen, damit beim Zusammenpressen nichts hervorquillt. Falls das doch passiert, lässt sich überschüssiger Klebstoff mit einem sauberen, weichen Radiergummi entfernen, solange er noch feucht ist.
Sperrige oder schwere Teile mit Heißkleber auf niedriger Temperatur verbinden. Heißkleber bietet den Vorteil, dass er sehr schnell trocknet. Die Teile müssen daher sehr schnell sehr genau zusammengefügt werden. Hier hilft am besten ein Erwachsener.
Flache, verklebte Teile mit Wäscheklammern fixieren, bis der Klebstoff getrocknet ist. Plastische Figuren auf der Arbeitsfläche mit etwas Knetmasse unterlegen, bis der Klebstoff getrocknet ist.

Malen

Plakat- und Acrylfarben auf Wasserbasis besitzen eine hohe Deckkraft. Sie eignen sich für viele Untergründe wie Papier, Stein, Holz, Metall, Glas und Kunststoff. Schulmalfarben (Deckmalfarben) und Fingermalfarben haften auf Untergründen wie Papier, Pappe und Karton. Für größere Flächen einen Borstenpinsel, zum Malen von Linien einen feinen Haarpinsel verwenden.
Styroporkugeln zum Bemalen mit Acrylfarbe auf Holzspieße stecken. Zum Trocknen in eine Konservendose oder Flasche stellen.

Gesichter gestalten

Die Augen der Figuren wirken lebendiger, wenn sie je einen Glanzpunkt erhalten. Lichtpunkte mit weißem Lackstift oder aus Acrylfarbe mit feinem Haarpinsel auftupfen. Glanzpunkte können auch auf der Nase gestaltet werden.
Rote Wangen lassen Gesichter fröhlicher erscheinen: roten Buntstift anspitzen und Holzspäne entfernen, oder Buntstiftmine mit Messer oder Schere abschaben. Anspitzkrümel dann mit dem Finger oder Wattestäbchen aufreiben.

UNSER KLEINER NATURFÜHRER

1. Schoten und Samen des einjährigen Silberblattes
2 Samen der Rosskastanie
3 Stein des Walnussbaums
4 Fruchthülle der Eichel („Eichelhütchen")
5 Fruchtzäpfchen und Blütenkätzchen der Schwarzerle
6 Kürbis- und Melonensamen
7 Douglasienzapfen
8 Fichtenzapfen
9 Schwarzkiefernzapfen
10 Bergkiefernzapfen
11 Lärchenzapfen
12 Zapfen der Zypresse
13 Fruchthülle der Buche („Bucheckernhütchen")
14 Feuerdornbeeren, je nach Sorte in Orange oder in Rot
15 Hagebutte, Frucht der Heckenrose
16 Fruchthülle der Haselnuss
17 getrocknete Kelchblätter von Malven
18 Fruchthülle der Lampionblume
19 Schilfrispe
20 Zweigstücke des Blutroten Hartriegels
21 Blatt vom gefiederten Wein
22 Birkenblätter
23 Blätter des Tulpenbaums
24 Feldahornblätter
25 Bergahornblatt
26 Flügelfrüchte des Ahorns
27 Blätter der Felsenbirne
28 Spitzahornblätter
29 Silberahornblatt
30 Purpur-Fächerahornblatt
31 Eichenblatt
32 Blatt und Eichel einer geschlitzten Eiche
33 Kirschbaumblatt
34 Essigbaumblätter
35 Ginkgobla

1
2
3
4
5
6
7
8
9
10
11
12
13
14
15
16
17
18
19
20
21
22
23
24
25
26
27
28
29
30
31
32
33
34
35

FRÜHLINGSSPASS

Endlich Frühling! Wenn die Sonne strahlt und die Vögel zwitschern, macht das Basteln umso mehr Spaß! Die schönsten Ideen findest Du auf den nächsten Seiten.

TÜRKRANZ „KLEINER FUCHS"

Und so wird's gemacht:

1. Die einzelnen Motivteile für den Fuchs nach der Vorlage mit Kugelschreiber auf Textil- und Bastelfilz übertragen und ausschneiden. Teile zusammenkleben und die Knöpfe als Augen annähen.

2. Ca. 9 Baumscheiben an den Enden zu einem Kreis zusammenkleben und mit Lackstiften Punkte aufmalen. Filz-Blätter und Eicheln fixieren.

3. Eine Holzscheibe bemalen, mit einem Gruß oder einem Namen beschriften und zusammen mit den Händen am Fuchs ankleben. Den Fuchs mit Karoband in die Kranzmitte hängen, das Karoband von hinten mit Heißkleber am Kranz befestigen.

Du brauchst:

Textilfilz in Orange • Bastelfilz in Weiß, Hellgrün, Hellbraun, Schwarz • Knöpfe in Schwarz (Ø 1 cm) • Nähgarn in Weiß • Ovale Baumscheiben (ca. 6–8 cm) • Lackstifte in Weiß, Orange, Hellgrün • Eicheln • Karoband in Grün/Weiß (2,5 cm breit) • Kugelschreiber • Heißkleber • **Vorlage 1**

PILZ-DARTSCHEIBE

Und so wird's gemacht:

1. Aus weißem Bastelfilz Kreise zuschneiden (Anleitung Seite 7): 4 cm Ø, 7 cm Ø, 11 cm Ø und 16 cm Ø. Die anderen Motiveinzelteile nach Vorlage sowie schmale schwarze Filzstreifen für die Fühler, kleine schwarze Kreise für die Marienkäferflügel und weiße Kreise für den Pilzhut zuschneiden.

2. Alle Einzelteile der Abbildung entsprechend zusammenkleben. In die Mitte des Marienkäferflügels längs mit Klebstoff eine Linie ziehen und einen schwarzen Wollfaden auflegen. Einen langen Wollfaden als Aufhängung auf der Rückseite der Scheibe befestigen. Moosgummizahlen anbringen.

Du brauchst:

Bastelfilz in Weiß, Rot, Hellgrün, Schwarz • Wollfäden in Schwarz • Moosgummizahlen (2 cm) in verschiedenen Farben • Kletten (getrocknete Blütenhüllen) • Alleskleber • **Vorlage 2**

Spielregeln:

Die Dartscheibe an eine Wand hängen und die geeignete Entfernung bestimmen. Von dort aus mit Kletten auf die Dartscheibe werfen und die Punktzahl der getroffenen Ringe und Kreise zusammenzählen. Wer wird Dartmeister?

LUSTIGE HASEN

Und so wird's gemacht:

1. Braune und weiße Fingerfarbe vermischen. Eier damit bepinseln. Nach dem Trocknen mit dem Finger rote Wangen auftupfen.

2. Aus Wellpappe je zwei Hasenohren entwerfen und zuschneiden. Mit weißer Fingerfarbe bestempeln, mit Baumscheibenstreu bekleben. Ohren etwas knicken und mit Kraftkleber an den Eiern befestigen.

3. Zwei kleine Baumscheiben mit schwarzer Fingerfarbe gestalten und weiße Lackstiftpunkte aufmalen. Etwas Stroh als Barthaare hinter die Baumscheiben kleben und jeweils als Nasen anbringen.

4. Je zwei braune Linsen auf den Eiern festkleben und mit den Lackstiften als Augen gestalten. Gesichter ebenfalls mit den Lackstiften aufmalen. Rote bzw. hellblaue Dekoschleife am Kopf ergänzen.

5. Tontöpfe nach und nach mit reichlich Kraftkleber betupfen und Maiskörner, Erbsen, Kidneybohnen, weiße Bohnen oder kleine Baumscheiben, Kürbiskerne, gelbe Schälerbsen und rote Linsen auflegen. Gut trocknen lassen.

6. Tontöpfe mit Moos auslegen und Osterhasen-Eier darin platzieren.

Du brauchst:

Fingerfarben in Weiß, Rot, Braun, Schwarz • 2 ausgeblasene Eier • Buntstift in Rot • Wellpappe in Natur • Kraftkleber • Baumscheibenstreu • Kleine Baumscheiben • Lackstifte in Weiß, Schwarz • Etwas Stroh • Linsen in Rot, Braun • Satinbandreste in Rot, Hellblau (3 mm breit) • Tontöpfe (4 cm Ø, 5 cm Ø) • Getrocknete Maiskörner • Getrocknete Erbsenhälften • Getrocknete Kidneybohnen • Getrocknete Bohnen in Weiß • Kürbiskerne • Schälerbsen in Gelb • Moos

Niedliche Schmetterlinge

Und so wird's gemacht:

1. An der Rückseite eines Schneckenhauses zu beiden Seiten jeweils drei Federn als Schmetterlingsflügel ankleben, eventuell vorher kürzen.

2. Nach Vorlage einen Schmetterlingskopf aus Tonkarton zuschneiden. Mit Finelinern und den Lackstiften das Gesicht aufmalen. Mit dem Wattestäbchen Buntstiftkrümel als Wangen aufreiben.

3. Kleine Aststücke als Fühler hinter den Kopf kleben, Kopf dann auf dem Schneckenhaus festkleben. Drei Schmetterlinge anfertigen.

4. Mit Lackstiften Blumen auf die Astscheiben malen. Einige Blätter aus grünem Tonkarton anfertigen.

5. Die Schmetterlinge mit Perlonfäden am Ast befestigen. Holzscheibenblumen mit Heißkleber, Tonkartonblätter mit Alleskleber am Ast festkleben.

Du brauchst:

Längliche Schneckenhäuser oder Muscheln • Federn • Tonkarton in Apricot, Hell- und Dunkelgrün • Fineliner in Rot, Schwarz • Lackstifte in Weiß, Gelb, Orange, Pink, Hellblau • Buntstiftkrümel in Rot • Wattestäbchen • Ast und dünne Aststücke • Perlonfaden • Astscheiben, (ca. 3 cm Ø) • Alleskleber oder Heißkleber • **Vorlage 3**

WINDSPIEL „BÄR"

Du brauchst:

Stabile Pappe • Dinkelspreu • Wackelaugen (1,5 cm) • Pompon in Schwarz (1,5 cm) • Satinband „Tupfen" (1,5 cm) • Rayonbast in Natur • Klangstäbe (8 cm) in Silber • Bastelkleber • **Vorlage 4**

Und so wird's gemacht:

1. Nach Vorlage Kopf, Bauch, zwei Arme und zwei Beine aus stabiler Pappe ausschneiden.

2. Motivteile eins nach dem anderen mit reichlich Bastelkleber bestreichen und mit Dinkelspreu bestreuen oder belegen. Nach dem Trocknen überschüssiges Material abschütteln.

3. Einzelteile des Teddys nach Abbildung mit Flüssigkleber zusammenkleben. Wackelaugen und Pompon als Nase im Gesicht festkleben. Schleife aus Satinband binden und am Hals anbringen.

4. Zum Aufhängen mit ultrastarkem Flüssigkleber Rayonbast hinten am Kopf des Teddys befestigen. Die Klanghölzer an der Rückseite zwischen den Beinen des Teddys anbringen. Vor dem Aufhängen alles gut trocknen lassen.

BLÄTTERSCHMETTERLINGE

Und so wird's gemacht:

1. Blätter wie Schmetterlingsflügel anordnen und zur Stabilisierung auf Tonkarton kleben. Kleine Blätter als Flügelverzierungen ergänzen. Gut durchtrocknen lassen. Die Schmetterlingsflügel der Form folgend ausschneiden.

2. Kleine Aststücke als Schmetterlingskörper auf die Blätterflügel kleben. Aludrahtstücke, je etwa 6 cm lang, an einer Seite etwas rund biegen. Je zwei Fühler mit Heißkleber an die Äste kleben.

Du brauchst:

Getrocknete und gepresste Blätter • Tonkarton in Weiß • Kleine, dünne Äste • Dünnen, farbigen Aludraht • Nähgarn in Weiß • Heißkleber • Alleskleber

Tipp:

Als Aufhängung kannst Du ein Stück Nähgarn an jedem Schmetterling (Fühler) befestigen.

KATZEN-KINDER

Und so wird's gemacht:

1. Nach Wunsch je zwei Katzenkörper und Katzenköpfe auf stabile Pappe aufzeichnen und ausschneiden (s. Tipp). Arbeitsfläche mit alten Zeitungen auslegen.

2. Pappeinzelteile nacheinander mit reichlich Alleskleber bestreichen, mit Heu belegen und mit der Handfläche andrücken. Gut durchtrocknen lassen. Überstehendes der Form folgend abschneiden.

3. Holzscheiben mit Holzstiften zu einer Katzennase und zu Katzenaugen gestalten. Schwarzen Bast als Bart zusammen mit den bemalten Holzscheiben im Gesicht festkleben. Kopf am Körper befestigen.

4. Unterschiedlich langes, naturfarbenes Bastband von hinten an die Katzenfiguren kleben, Schlaufe zum Aufhängen ergänzen. Katzen versetzt untereinander aufhängen.

Du brauchst:

Stabile Pappe (z. B. Karton) • Alte Zeitungen • Heu • Kleine Astscheiben (ca. 1,5 cm) • Holzmalstifte in Hellgrün, Rosa, Weiß, Schwarz • Bastband in Natur, Schwarz • Alleskleber

Tipp:

Du kannst eigene Vorlagen und Schablonen entwerfen und diese auf stabile Pappe zeichnen. Die Körperteile sowie die Holzscheiben können auch mit Heißkleber angebracht werden.

Tipp:

Für die Ostereier grundierst Du Haselnüsse zuerst mit einer Farbe, lässt sie antrocknen und malst anschließend mit einer anderen Farbe Muster auf.

HASELNUSSHASEN

Und so wird's gemacht:

1. Die Haselnüsse mit Lackstiften bemalen: für die Hasenköpfe Gesichter und für die Ostereier bunte Muster aufzeichnen (siehe Tipp).

2. Wellpappestreifen zuschneiden, pro Hasenkörper etwa 3 x 18 cm, aufrollen und zusammenkleben. Jeweils einen Kopf auf einen Körper kleben.

3. Chenilledrahtstücke, etwa 4–8 cm lang, als Ohren und Schwänzchen ergänzen. Zwei ganze Kürbiskerne als Arme und zwei halbe Kürbiskerne als Füße befestigen.

Du brauchst:

Lackstifte • Haselnüsse • Wellpappe in Natur • Chenilledraht in Hellbraun • Kürbiskerne • 1 ovale Holzscheibe, mittlere Größe • Moos • Alleskleber

4. Die Holzscheibe mit Kleber bestreichen und das Moos darauf verteilen. Anschließend die Hasen und Ostereier aufkleben.

HAHN UND HENNE

Und so wird's gemacht:

1. Von der Papprolle zwei etwa 3 cm breite Ringe abschneiden und jeweils mit Moos bekleben. Wer mag, kann zwei Sternanisstücke (je drei Zacken) als Füße ergänzen.

2. Rote Fingerfarbe als Wangen auf die Eier tupfen. Eier jeweils in einen Ring setzen, Farbe trocknen lassen.

3. Zwei Linsen als Augen, zwei Kürbiskerne als Mund, drei Kidneybohnen als Kamm sowie Federn als Flügel und Schwanz ankleben. Beim Hahn noch zwei Kidneybohnen als Kehllappen ergänzen. Die Linsen mit den Lackstiften als Augen gestalten und die Farbe gut trocknen lassen.

Du brauchst:

Papprolle • Moos • Sternanis • Fingerfarbe in Rot • Ausgeblasene, gereinigte Eier • Getrocknete Linsen • Getrocknete Kürbiskerne • Getrocknete Kidneybohnen • Federn • Lackstift in Weiß, Schwarz

DER SOMMER IST DA!

Ob in den Ferien zuhause, auf einer Geburtstagsfeier oder einfach zwischendurch – in diesem Kapitel findest Du die schönsten Bastel-Ideen für den Sommer!

SONNENBLUMEN

Und so wird's gemacht:

1. Aus stabiler Pappe Pappkreise mit je 6 cm Ø zuschneiden (Anleitung siehe Seite 7). Jeweils mit einer Nähnadel mittig zwei Löcher hineinbohren. Blumendrahtstücke, je 40 cm lang, in der Mitte knicken, durch die vorgebohrten Löcher in den Pappscheiben stecken und miteinander verdrehen.

2. Ränder der Pappscheiben jeweils mit Kleber bestreichen und mit Maiskörnern belegen. Danach die Innenflächen auf die gleiche Weise mit verschiedenen Körnern und Hülsenfrüchten belegen. Gut trocknen lassen. Den Draht mit grünem Bastband umwickeln.

3. Aus Wellpappe 11 cm breite Streifen zuschneiden (Linien der Wellpappe sollten senkrecht verlaufen). Streifen mit Klebefilm zu einer dicken Rolle von etwa 6 cm Ø zusammenkleben. Blumen in die Rolle stecken und die. Rolle mit Bastband verzieren.

Du brauchst:

Stabile Pappe • Bastband in Orange, Rot, Grün • Getrocknete Körner und Hülsenfrüchte (z. B. Maiskörner, Erbsenhälften, rote Linsen) oder eine Körnermischung (z. B. Vogelfutter) • Wellpappe in Natur • Schere • Nähnadel • Blumendraht • Alleskleber

Tipp:

Die Blumen kannst Du auch in einen schön gestalteten Blumentopf stecken: Topf mit Sand, Blumenerde oder kleinen Steinchen füllen, außen mit Blättern und Muscheln verzieren.

SCHATZKÄSTCHEN „BIENCHEN"

Und so wird's gemacht:

1. Erdnüsse, wie abgebildet, mit Lackstiften bemalen. Zuerst die schwarze Fläche vom Kopf rundherum aufmalen, danach die Innenfläche des Gesichts und die gelben Streifen. Zum Schluss das Gesicht gestalten.

2. Zwei möglichst weiße, gepresste Blumen als Flügel an der Rückseite ankleben. Stecknadeln vorsichtig als Fühler in den Kopf stecken.

3. Deckel der Spanschachtel mit verschiedenen Blättern und Blumen nach Wahl bekleben.

4. Von unten eine Stecknadel durch den Deckel stechen und das Bienchen von oben aufstecken.

Tipp:

Wenn Du die Blumen zum Schluss mit transparentem Sprühlack behandelst, brechen die feinen Blütenblätter nicht so schnell.

Du brauchst:

Lackstifte in Weiß, Gelb, Rot, Schwarz • Gepresste Blumen und Blätter • Stecknadeln mit Köpfen in Gelb oder Schwarz • Kleine Spanschachten (ca. 3 cm hoch, 6 cm Ø) • Alleskleber

Tipp:

Die Töpfe kannst Du auch super als Teelichthalter verwenden.

BUNTE TÖPFE

Und so wird's gemacht:

1. Terrakotta-Blumentopf mit etwas Abstand, gerade oder leicht schräg und im Farbwechsel mit Deko-Tape bekleben.

2. Topfrand und Zwischenräume von außen mit getrockneten Kürbiskernen, Maiskörnern, Erbsen und roten Linsen oder mit Strandschätzen bekleben. Für schwere Materialien Heißkleber verwenden.

3. Rundholz spiralförmig mit Deko-Tape umkleben, dazu das Klebeband am oberen Rand leicht schräg ansetzen.

4. Aus Pappe zwei Kreise zuschneiden (Zirkelbreite 2 cm, 2,7 cm). In die Mitte des kleineren Kreises mit der Schere ein Loch bohren, Rundholz ca. 0,5 cm einstecken. Das Rundholz durch das Loch des Topfes schieben und die Pappscheibe mit Heißkleber am Topfboden festkleben. Stabrand noch einmal mit dem Heißkleber umranden, um die Pappscheibe sicher am Stab zu fixieren.

5. Reichlich Heißkleber in das Innere des Topfes füllen und Klebestelle mit dem größeren Pappkreis verschließen. Juteband doppelt legen, unterhalb des Topfes um das Rundholz knoten und eine Schleife binden. Teelicht in den Topf hineinstellen.

Du brauchst:

Terrakotta-Blumentopf (ca. 4 cm hoch, Ø 9 cm) • Getrocknete Maiskörner, Erbsen, Linsen in Rot, Kürbiskerne • Strandschätze, z. B. Muscheln, Schnecken, kleine Steine, Sand • Deko-Tape • Pappreste • Rundholz (ca. 40–60 cm) • Juteband in Natur • Teelicht • Alleskleber • Heißkleber • Zirkel • Schere

LUSTIGE MEERESTIERE

Und so wird's gemacht:

Fisch

Nach Vorlage Fischkopf und Schwanzflosse aus hellblauem Fotokarton zuschneiden. Einen Bierdeckel mit hellblauem Buntstift anmalen. Einzelteile zusammenkleben. Mit dem Finger rote Buntstiftkrümel als Wangen aufreiben. Wackelauge aufkleben und den Mund aufmalen. Fischkörper mit Muscheln verzieren, die mit Heißkleber befestigt werden. Reichlich Alleskleber auf der Schwanzflosse verteilen und mit Sand bestreuen. Nach dem Trocknen überschüssigen Sand abschütteln.

Seestern

Aus gelbem Fotokarton nach Vorlage einen Seestern zuschneiden. Bierdeckel mit gelbem Buntstift bemalen, Seestern aufkleben. Rote Buntstiftkrümel als Wangen aufreiben. Zwei Wackelaugen und eine Muschel im Gesicht festkleben, Konturen mit den Filzstiften aufzeichnen. Nach und nach reichlich Alleskleber auf den Armen des Seesterns verteilen. Mit kleinen Schneckenhäusern belegen. Sehr gut trocknen lassen.

Du brauchst:

Fotokarton in Gelb, Hellblau, Pink
• Buntstifte in Gelb, Rot, Pink, Hellblau
• Runde Bierdeckel, unbedruckt
• Wackelaugen (2–3 cm Ø) • Muscheln
• Feinen Sand • Kleine Schneckenhäuser
• Filzstifte in Rot, Schwarz • Alleskleber
• Schere • **Vorlagen 5**

Krake

Pinkfarbenen Krakenkörper aus Fotokarton zuschneiden. Bierdeckel in Pink anmalen, dann beide Teile zusammenkleben. Rote Buntstiftkrümel als Wangen aufreiben, Mund aufmalen und zwei Wackelaugen sowie eine Muschel festkleben. Reichlich Alleskleber auf den Krakenarmen verteilen und mit Sand bestreuen. Nach dem Trocknen überschüssigen Sand abschütteln. Kleine Schneckenhäuser ergänzen.

SCHNECKEN & HERZ

Du brauchst:

Für die Schnecken:

Tonkarton in Creme, Orange • Naturmaterial, z. B. Eicheln, Erlenzapfen, Kürbissamen, Silbertaler-Samen, Maiskörner, getrocknete Erbsen, rote Beeren (oder rote Perlen), kleines Schneckenhaus, getrocknete, gepresste Blätter • Doppelseitiges Klebeband • Filzstift in Schwarz • **Vorlage 6**

Für das Herz:

Tonkarton in Rot • Erlenzapfen, Mais, Silbertaler-Samen, Kürbiskerne • Wolle in Rot • Perlen in Gelb, Rot (8 mm Ø) • Nähnadel • **Vorlage 6**

Und so wird's gemacht:

Schnecken

Aus Tonkarton jeweils ein Schneckenhaus und einen Schneckenkörper zuschneiden. Schneckenhaus mit doppelseitigem Klebeband bekleben, die Form an den Rändern nachschneiden. Schutzfolie des Klebebandes abziehen. Mit Materialien belegen. Gesicht aufmalen, Eichelstiele als Fühler ankleben. Schneckenhaus auf dem Schneckenkörper platzieren. Gepresste Blätter auf der Rückseite nach vorne sichtbar am Körper befestigen.

Herz

Das Herz nach Vorlage zuschneiden. Naturmaterial aufkleben, wie oben beschrieben. Mit der Nähnadel einen Wollfaden als Aufhänger anbringen und die Perlen auffädeln.

Tipp:

Anstelle des doppelseitigen Klebebandes kannst Du abschnittsweise auch Alles- oder Heißkleber aufgetragen.

SCHLÜSSELBOARD „KLEINE MAUS"

Und so wird's gemacht:

1. Die ovale Innenfläche der Rindenscheibe und die Astscheiben mit hellgrauer Acrylfarbe bemalen.

2. Nach dem Trocknen die Nase und die Innenohren mit Acrylfarbe in Rosa ergänzen. Das Gesicht mit den Lackstiften aufmalen und alles gut trocknen lassen.

3. Die Ohren an der Rindenscheibe festkleben. Den Chenilledraht leicht rund biegen und als Schwanz an der Rückseite anbringen. Juteband zum Aufhängen ebenfalls an der Rückseite befestigen.

4. Mit dem Hammer drei Nägel unten an der Rindenscheibe einschlagen. Hier werden die Schlüssel aufgehängt.

Tipp:

Beim Hämmern lässt Du Dir am besten von einem Erwachsenen helfen.

Du brauchst:

Ovale Rindenscheibe (ca. 17 x 10 cm) • Astscheiben (ca. 3–3,5 cm) • Acryllack in Rosa, Hellgrau • Lackstift in Weiß, Schwarz • Chenilledraht in Pink (ca. 10 cm) • Juteband • 3 Nägel • Hammer • Pinsel • Alleskleber oder Heißkleber

PIRATEN-MAUS

Und so wird's gemacht:

1. Schräge Fläche des Birkenstämmchens mit dem grauen Holzmalstift bemalen. Nach dem Trocknen das Gesicht gestalten und den Körper mit weißen und blauen Streifen versehen. Zwei kleine Holzscheiben in Grau anmalen, schwarze Streifen ergänzen und als Hände an das Birkenstämmchen kleben.

2. Zwei größere Holzscheiben mit rosafarbenen Kreisen bemalen und als Ohren fixieren. Kleine Holzscheibe zusammen mit drei Bastbändern als Schnurrhaaren als Nase befestigen. Einige Bastbänder zusammenknoten und an den Hals kleben.

3. Gepresste Blätter wie Segel zuschneiden, an den Bambusstab kleben und auf einer Seite weiße Knochen aufmalen. Für das Fass zwei möglichst gleichgroße Holzscheiben aufeinander kleben und mit braunem Holzstift gestalten.

4. Alle Einzelteile der Abbildung entsprechend mit Heißkleber auf die Korkenrindenscheibe aufbringen. Zum Schluss die Korkrindenscheibe mit kleinen Holzscheiben umkleben.

Du brauchst:

Schräg abgesägte Birkenscheibe (ca. 5 x 15 cm) • Holzmalstifte in Blau, Rosa, Schwarz, Weiß, Grau • Holzscheiben • Bastband in Natur • Gepresste Blätter • Bambusstab (ca. 20 cm) • Korkrinden-scheibe • Heißkleber

TANZENDE KARTOFFEL-KERLE

Und so wird's gemacht:

1. Zuerst die Steine waschen, trocknen und mit weißem Acryllack grundieren. Nach dem Trocknen Pfirsich- und Sandfarbe mit dem Malschwamm auftupfen. Die rosafarbenen Wangen mit dem Pinsel ergänzen.

2. Die Gesichter und die Kartoffelpunkte mit den Lackstiften aufmalen. Chenilledraht an den Enden rund biegen und als Arme und Beine an der Rückseite festkleben. Karoband zu kleinen Schleifen binden und am Kopf anbringen.

Du brauchst:

Große Steine in Kartoffel-Form • Acrylfarbe in Weiß, Rosa, Pfirsich, Sand • Lackstifte in Weiß, Rot, Schwarz, Gold • Chenilledraht in Braun • Karoband in Gelb, Rosa, Grün (0,3 cm) • Kraftkleber • Malschwamm

SAMMELSPASS IM HERBST!

Im Herbst kannst Du viele tolle Bastelmaterialien wie Kastanien, Eicheln oder bunte Blätter sammeln – perfekt geeignet für die Bastel-Ideen in diesem Kapitel!

GROSSER DRACHE FÜR DIE TÜR

Und so wird's gemacht:

1. Mit Hilfe von Lineal und Bleistift einen großen, rautenförmigen Drachen auf stabile Pappe malen und mit dem Cuttermesser ausschneiden. Die Pappe mit Alleskleber-Gel bestreichen und mit orangefarbenem Maulbeerpapier beziehen.

2. Bambusstäbe mit Heißkleber an den Rand des Drachens kleben; die Enden kreuzen. Bambusstäbe an den gekreuzten Stellen mit orangefarbener Juteschnur umwickeln, verknoten und zur Schleife binden. Auf der Rückseite naturfarbene Juteschnur zum Aufhängen und als Drachenschwanz festkleben.

3. Aus rotem Maulbeerpapier Kreise als Wangen ausreißen und festkleben. Linsen als Sommersprossen darauf verteilen. Als Nase eine Orangenscheibe befestigen und einen Eichelhut ergänzen. Für die Augen kleine Astscheiben befestigen. Mit weißem Holzmalstift anmalen und nach dem Trocknen Sternanis und Maiskörner darauf kleben. Den Mund mit roter Juteschnur gestalten.

4. Zimtstangen an den Drachenschwanz knoten, darauf und auf den orangefarbenen Schleifen des Drachens kleine Holzscheiben festkleben und mit den Holzstiften bunt gestalten.

Du brauchst:

Stabile Pappe • Maulbeerpapier in Orange, Rot • Bambusstäbe • Juteschnur in Orange, Rot, Natur • Linsen • Getrocknete Orangenscheibe • Eichelhut • Kleine Astscheiben • Holzmalstifte in Weiß, Grün, Gelb, Rot • Sternanis • Maiskörner • Zimtstangen • Heißkleber • Alleskleber

„BLÄTTER-TIERE" FENSTERBILDER

Und so wird's gemacht:

1. Zur Stabilisierung die Blätter von beiden Seiten mit der transparenten Acrylfarbe bepinseln und trocknen lassen.

2. Die Motivteile aus Tonkarton aufzeichnen und zuschneiden. Einzelteile zusammenkleben und mit den Lackstiften die Zeichnungen gestalten.

3. Tonkartonteile an die Laubblätter kleben und mit Papierblüten verzieren. Als Aufhängung einen Perlonfaden anbringen.

Du brauchst:

Gepresste Laubblätter • Acrylfarbe in Transparent • Tonkarton-Block • Lackstift in Weiß, Schwarz • Papierblüten-Mix • Perlonfaden • Alleskleber • **Vorlagen 7**

BLÄTTER-WICHTEL

Und so wird's gemacht:

1. Nach der Vorlage Einzelteile aus Tonkarton und Pünktchen-Karton in der jeweiligen Farbe zuschneiden.

2. Einzelteile des Kopfes entsprechend der Abbildung zusammenkleben. Mit Fineliner und Lackstift das Gesicht aufmalen. Buntstiftkrümel als Wangen aufreiben.

3. Kopf und Hände an das Blatt kleben. Als Nase eine Kidneybohne, Kaffeebohne oder einen Kürbiskern anbringen. Maiskörner, Erbsen oder weiße Bohnen als Knöpfe ergänzen.

4. Kleinen Zapfen, Eichelhut oder Kastanienschale als Mützenbommel anbringen.

5. Aus dem Satinband eine kleine Schleife binden und am Hals festkleben. Nach Wunsch verschiedene Blätter-Wichtel anfertigen.

Du brauchst:

Tonkarton in Apricot, Braun • Pünktchen-Karton in Orange, Pink, Grün • Buntstiftkrümel in Rot • Fineliner in Schwarz • Lackstift in Weiß • Gepresste Blätter • Getrocknete Maiskörner, Erbsen, weiße Bohnen, Kidneybohnen, Kaffeebohne, Kürbiskern • Kleiner Zapfen, Eichelhut, Kastanienschale • Satinband in Weiß, Rosa, Hellgrün (3 mm) • Alleskleber • **Vorlage 8**

KLEINE EULEN

Und so wird's gemacht:

1. Für jede Eule eine Eichel mit Eichelhut bereitlegen. Mit Lackstiften die Augen auf die Eicheln malen. Aus gelbem Filz kleine Dreiecke zuschneiden und diese als Schnäbel befestigen.

2. Je zwei Kürbiskerne als Eulenflügel an den Seiten fixieren. Die Eulen auf dem Ast anordnen und festkleben.

3. Aus hellgrünem und dunkelgrünem Bastelfilz einige Blätter zuschneiden und diese mit Heißkleber auf dem Ast festkleben.

Du brauchst:

Eicheln mit Eichelhut • Lackstift in Weiß und Schwarz • Bastelfilz in Gelb, Hell- und Dunkelgrün • Kürbiskerne • Kleinen Ast mit Astgabelungen • Alleskleber • Heißkleber

FLEDERMÄUSE

Und so wird's gemacht:

1. Steine waschen und trocknen lassen. Anschließend komplett mit grauer Acrylfarbe bemalen. Farbe gut trocknen lassen.

2. Nach der Vorlage die Fledermausköpfe und die Flügel aus Fotokarton zuschneiden. Die Gesichter mit Lackstiften und dem Filzstift gestalten. Rote Buntstiftkrümel als Wangen aufreiben.

3. Die Konturen der Flügel mit einem farblich passenden Buntstift nachmalen. Fledermausköpfe und Flügel mit doppelseitigem Klebeband an den Steinkörpern befestigen.

Du brauchst:

Kleine Steine (ca. 8–10 cm) • Acrylfarbe in Grau • Fotokarton in Hellgrau, Pink • Lackstifte • Filzstift in Schwarz • Buntstifte • doppelseitiges Klebeband • **Vorlage 9**

KASTANIENWICHTEL

Und so wird's gemacht:

1. Für die Figuren die hellen Flächen von zwei Kastanien (Körper) und zwei Styroporkugeln (Köpfe) mit Acrylfarben gestalten. Nach dem Trocknen der Farbe mit Lackstiften Gesichter auf die Köpfe zeichnen.

2. Mit einem Kastanienbohrer Löcher in die Kastanien bohren, jeweils ein Zahnstocherstück einstecken und eine Styroporkugel als Kopf aufsetzen. Etwa je sechs Wollfäden bündeln, in der Mitte zusammenknoten und als Haare ankleben. Darauf eine Kastanienschale als Hut befestigen.

3. Für den Unterstand die Baumrinde nach und nach mit Klebstoff bestreichen, anschließend getrocknete Blätter und Blumen auflegen. Gut durchtrocknen lassen. Acht Kastanien durchbohren, je vier mit Zahnstochern zusammenstecken und der Abbildung entsprechend unter die Baumrinde kleben.

Du brauchst:

Kastanien • Styroporkugeln (3 cm Ø) • Acrylfarbe in Beige, Rot, Grün • Lackstifte • Zahnstocher • Wollfäden in Gelb, Braun • Kastanienschalen • Baumrinde (ca. 5 x 19 cm) • Getrocknete Blätter und Blumen • Wattestäbchen • Kastanienbohrer • Alleskleber

KÜRBIS-EICHHÖRNCHEN

Du brauchst:

Zierkürbis (ca. 9,5 cm) • Walnusshälften • Acrylfarbe in Creme, Rotbraun • Lackstift in Weiß, Braun, Schwarz • Mandel • Tonkarton in Braun • Filzwolle in Braun • Filz in Braun • Terrakotta-Blumentopf (ca. 9 cm) • Steckmasse • Holzspieß • Moos und Blätter • Schwamm • Alleskleber

Und so wird's gemacht:

1. Kürbis, Walnusshälften und Mandel laut Abbildung mit Acrylfarbe bemalen. Nach dem Trocknen mit Lackstiften die Zeichnung des Gesichts gestalten. Mandel als Nase auf den Kürbis ankleben.

2. Ohren und Schwanz aus Tonkarton entwerfen. Schwanz mit Filzwolle, Ohren mit Filz bekleben. Ohren und etwas Filzwolle am Kopf anbringen.

3. Terrakotta-Blumentopf mit etwas Steckmasse füllen. Den Spieß von unten in den Kürbis schieben und in die Steckmasse stecken.

4. Mit Moos und Blättern auffüllen und den Kürbis darin platzieren. Walnusshälften und Schwanz am Topfrand festkleben.

HERBSTBAUM

Du brauchst:

Fotokarton in Hellbau • Stabile Pappe (ca. 21 x 30 cm) • Dünne, lange Äste • Naturmaterialien, z. B. getrocknete und gepresste Blätter, Fruchtstände, Kerne, Nüsse, Zapfen • Birkenrinde • Bastband in Weiß • Alleskleber • Heißkleber

Und so wird's gemacht:

1. Den hellblauen Fotokarton auf die stabile Pappe kleben. Mit Bleistift die Umrisse eines Baums aufzeichnen. Vier Äste um die Pappe zu einem Rahmen legen und an den Ecken mit Bastband zusammenbinden. Die Pappe mit Heißkleber hinter den Rahmen kleben.

2. Den Baum nach und nach mit Klebstoff bestreichen und anschließend gepresste Blätter, Nüsse, Fruchtstände, Kerne und Körner auflegen. Die Birkenrinde als Baumstamm zuschneiden und aufkleben. Alles gut durchtrocknen lassen.

Gespenster und Fledermäuse

Und so wird's gemacht:

Gespenster

Die Gespenster nach Vorlage aus Tonkarton ausschneiden. Die Trennhäutchen aus den Silbertalern herauslösen und schuppenartig auf den Gespensterkörper kleben, dabei von der unteren Spitze nach oben arbeiten. Ein Ahornblatt als Kragen ankleben, die Gesichter aufmalen.

Fledermäuse

Die Flügel nach Vorlage aus Tonkarton zuschneiden. Trennhäutchen der Silbertaler als Körper aufkleben, zwei Ahornflügelfrüchte als Ohren fixieren. Die Augen mit dem Filzstift aufmalen. Eventuell einen Faden als Aufhänger anbringen.

Du brauchst:

Für die Gespenster

Tonkarton in Weiß • Trennhäutchen von Silbertalern • Feldahornblätter • Filzstift in Schwarz • Alleskleber • **Vorlage 11**

Für die Fledermäuse

Tonkarton in Schwarz • Trennhäutchen von Silbertalern • Flügelfrüchte des Ahorns • Filzstift in Schwarz • Nähgarn in Schwarz • Alleskleber • **Vorlage 12**

SÜSSE KASTANIEN-MÄUSE

Und so wird's gemacht:

1. Aus Bastelfilz runde Mausohren zuschneiden und an die Kastanie kleben.

2. Mit rosafarbenem Lackstift Mausnase aufmalen und die Augen, die Barthaare und den Mund mit dem schwarzen Fineliner aufzeichnen.

3. Stoffrest, ca. 4 x 6 cm, in der Größe 4 x 2 cm falten, festkleben und den Kastanienkopf aufkleben.

4. Das Innere der Streichholzschachtel mit brauner Acrylfarbe bemalen und nach dem Trocknen weiße Punkte mit dem Lackstift verteilen.

5. Schachtel mit Stroh oder Moos auslegen und die Maus darin platzieren.

Du brauchst:

Bastelfilz in Rosa, Grau • Kastanien • Lackstift in Weiß, Pink • Fineliner in Schwarz • Stoffreste nach Wahl • Streichholzschachteln • Acrylfarbe in Braun • Stroh, Moos • Alleskleber oder Heißkleber • Pinsel

KARTOFFELKINDER

Und so wird's gemacht:

1. Nach Vorlage Einzelteile für Köpfe und Hüte aus Tonkarton zuschneiden. Gesichter aufmalen und Buntstiftkrümel als Wangen aufreiben. Bastbandstücke als Haare ergänzen.

2. Die Hüte mit Klebstoff bestreichen und mit Naturmaterial belegen. Für den Hut der linken Figur Sand in den feuchten Klebstoff streuen. Alles gut durchtrocknen lassen, überschüssigen Sand abschütteln. Muschel aufkleben. Motivteile gemäß Abbildung zusammenkleben.

3. Zahnstocher mit Klebefilm auf den Kopfrückseiten befestigen. Für die Arme Chenilledrahtstücke, je 15 cm lang, zuschneiden und an die Enden jeweils Holzperlen als Hände kleben. Die Drahtstücke um die Zahnstocher biegen.

4. Die Zahnstocher in die Kartoffeln stecken. Pro Figur je einen Filzstreifen, 1,5 x 18 cm, an den Enden fransig einschneiden und als Schal um den Zahnstocher knoten.

Du brauchst:

Tonkarton in Weiß, Apricot, Gelb, Grau und Grün • Lackstifte • Filzstift in Schwarz • Buntstiftkrümel in Rot • Bastband • Getrocknete Blätter und Blüten • Getrocknete Maiskörner • Sand • Muschel • Zahnstocher • Chenilledraht in Braun • Holzperlen in Natur, (1,2 cm Ø) • Kartoffeln • Bastelfilz in verschiedenen Farben • Alleskleber • **Vorlage 13**

BILD „BLÄTTER-IGEL"

Und so wird's gemacht:

1. Nach Vorlage aus Tonkarton Einzelteile für den Igel zuschneiden. Das Gesicht mit dem Fineliner und den Lackstiften gestalten und Buntstiftkrümel als Wangen aufreiben.

2. Den Igel umdrehen, die kleinen Ahornblätter wie abgebildet mit dem Alleskleber anbringen und gut trocknen lassen.

3. Die Kastanie mit Heißkleber an den Bauch kleben. Biegeplüsch als Arme an der Rückseite ankleben, die Hände ergänzen und diese an der Kastanie festkleben. Ebenso die Füße anbringen.

4. Igel auf grünen Tonkarton, 21 x 17 cm, kleben. Grünen Tonkarton auf weißen Tonkarton kleben und einen schmalen Rand, ca. 0,5 cm, zuschneiden.

5. Die getrockneten Blätter zwischen den Fingern zerkrümeln und in einer Schale auffangen.

6. Auf der stabilen Pappe den Umriss des Igel-Bildes markieren und den Rand nach und nach mit reichlich Weißleim bepinseln. Blätter-Konfetti aufstreuen, etwas andrücken und Überschüssiges abschütteln. Den ganzen Rahmen gestalten und gut trocknen lassen.

7. Das Igel-Bild auf den Rahmen kleben. Auf der Rückseite Standwinkel oder Schlaufe zum Aufhängen ankleben.

Du brauchst:

Tonkarton in Weiß, Apricot, Braun, Hellgrün • Fineliner in Schwarz • Lackstift in Weiß, Schwarz • Buntstiftkrümel in Rot • Kleine gepresste Ahornblätter für den Igel • Kastanie • Biegeplüsch in Braun (ca. 2 x 6 cm) • Getrocknete Blätter • Schale • Stabile Pappe • Weißleim • Alleskleber • Vorlage 14

WINTERZEIT IST BASTELZEIT!

Wenn Winter und Weihnachten kommen, lieben wir es, stimmungsvoll zu dekorieren. Wie wäre es mit zuckersüßen Äpfeln? Wie es geht, erfährst Du in diesem Kapitel!

ZUCKERSÜSSE ÄPFEL

Und so wird's gemacht:

1. Äpfel waschen und gut abtrocknen. Puderzucker mit ganz wenig Wasser dickflüssig anrühren, so entsteht ein leckerer Zuckerguss. Die Masse mit einem Esslöffel in den Frühstücksbeutel füllen und mit den Händen nach unten schieben.

2. Eine kleine Spitze unten von der Tüte abschneiden, sodass ein Spritzbeutel entsteht. Herzen, Schneekristalle, Sterne und Punkte aus Zuckerguss auf die Äpfel malen und die Masse gut trocknen lassen.

3. Den Rand des Bierdeckels nach und nach mit reichlich Klebstoff bestreichen, anschließend Erdnüsse auflegen. Nach dem Trocknen einen Apfel in der Mitte platzieren.

Du brauchst:

Kleine Äpfel • Schale • Etwas Wasser • Puderzucker • Kleinen Frühstücksbeutel aus Plastik • Pro Apfel einen runden Bierdeckel • Erdnüsse (in der Schale) • Esslöffel • Schneebesen • Alleskleber

Tipp:

Die Äpfel sind eine hübsche Tischdekoration. Anschließend kannst Du sie sogar essen!

KLANGSPIEL „TANNENBAUM"

Und so wird's gemacht:

1. Baumrinde mit dem Seitenschneider zu einem spitzen Dreieck zurechtknipsen und mit hellgrüner Acrylfarbe bemalen.

2. Ovale Baumscheibe mit pinkem, die Kaffeebohnen mit schwarzem Lackstift bemalen und weiße Lichtreflexe ergänzen. Die Scheiben als Nase und Augen ankleben und einen Mund aus Wolle aufkleben.

3. Aus Tonkarton Handschuhe und Stern zuschneiden und ankleben. Mit dem Lackstift weiße Punkte auf dem Stern verteilen.

4. An der Rückseite Klangstäbe und Schlaufe aus Baumwollgarn zum Aufhängen anbringen.

5. In die Zwischenräume der Zapfen verschiedenfarbige Pompons einkleben. Einen Faden zum Aufhängen anknoten.

Du brauchst:

Baumrinde • Acrylfarbe in Hellgrün • Kleine ovale Astscheibe • 2 Kaffeebohnen • Lackstift in Weiß, Pink, Schwarz • Wollrest in Schwarz • Tonkarton in Gelb, Dunkelgrün • 3 Klangstäbe (4–6 cm) • Baumwollgarn in Weiß • Kleine Zapfen (ca. 3 cm Ø) • Pompons (7 mm) • Kleiner Seitenschneider • Alleskleber • **Vorlage 15**

Tipp:

Lass Dir beim Zurechtknipsen der Baumrinde lieber von einem Erwachsenen helfen.

STIFTEHALTER „ZAPFENRABE"

Und so wird's gemacht:

1. Beim Styropor-Ei zuerst den gelben Schnabel mit Acrylfarbe aufmalen. Nach dem Trocknen die restliche Fläche schwarz gestalten. Die Zeichnungen im Gesicht mit Lackstiften aufmalen.

2. Eine Seite des Zapfens evtl. mit dem Seitenschneider als Standfläche gerade knipsen. Die obere Zapfenseite so zurechtknipsen, dass der Kopf dort gut hineinpasst. Nach Vorlage die Füße aus Filz zuschneiden. Füße und Kopf an den Zapfen kleben.

3. Mit der Schere ein kleines Loch am Kopf bohren und kleine Federn hineinkleben. Ebenso Federn an den Seiten des Zapfens anbringen. Gebundene Schleife ergänzen.

4. Papprolle von innen mit Schwarz und von außen mit Sandfarbe bepinseln. Dünne Äste mit dem Seitenschneider auf ca. 10 cm kürzen. Papprolle rundherum mit den Ästen umkleben. Mit der Kordel umwickeln und zuknoten.

5. Papprolle und Zapfen-Rabe auf die Baumscheibe kleben, Stifte in die Rolle stellen und Naturmaterial nach Wahl verteilt fixieren.

Du brauchst:

Styropor-Ei (6 cm) • Acrylfarbe in Gelb, Sand, Schwarz • Lackstifte in Weiß, Schwarz • Zapfen (ca. 9 cm lang) • Filz in Gelb • Federn in Schwarz • Dekoband in Rosa/Rot (1 cm) • Papprolle (ca. 10 cm) • Dünne Äste • Baumwollkordel in Weiß • Baumscheibe • Naturmaterial nach Wahl • Kleiner Seitenschneider • Heißkleber • **Vorlage 16**

ZAPFEN-FÜCHSE IM WINTERWALD

Und so wird's gemacht:

1. Mit den Lackstiften wie in der Abbildung das Fuchsgesicht auf die Pekannuss malen. Mit dem Heißkleber eine Kaffeebohne als Nase ankleben. Mit dem weißen Lackstift einen Strich als Lichtpunkt auf der Nase ergänzen.

2. Kürbiskerne als Ohren ankleben. Den Kopf auf den Zapfen kleben und ein Stück Weizenähre als Schwanz anbringen.

3. Pistazienschalen als Füße unten am Zapfen befestigen. Auf diese Weise zwei Füchse anfertigen und sie auf der Baumrinde festkleben, vorher evtl. etwas Streu-Schnee auf der Rinde verteilen.

4. Für die Bäume die Zapfen auf die Aststücke kleben. Die Knete rundlich formen und die Bäumchen hineindrücken.

Du brauchst:

Lackstifte in Weiß, Schwarz • Pekannüsse, ganz • Kaffeebohnen • Kürbiskerne • Kleine Tannenzapfen (ca. 3 cm) • Weizenähre • Pistazienschalen • Baumrinde • Streu-Schnee • Aststücke (ca. 4–6 cm lang) • Knete in Grün • Heißkleber

Zapfenengel und Bäume

Du brauchst:

Styroporkugeln (3,5 cm Ø) • Acrylfarbe in Apricot und Rot • Lackstifte • Bastband in Natur • Baumwollfäden in Weiß • Längliche Zapfen • Blütenpapier in Gelb und Natur • Motivstanzer „Stern" (klein) • Dünne Aststücke • Alleskleber • Bastelzange • Heißkleber

Und so wird's gemacht:

1. Die Styroporkugeln (Köpfe) apricotfarben bemalen und nach dem Trocknen der Farbe die Gesichter mit Lackstiften aufmalen.

2. Für die Haare sechs Baststücke, je etwa 8 cm lang, bündeln und in der Mitte mit einem Baumwollfaden zusammenknoten. Den Faden nicht abschneiden, dieser wird später als Aufhängung verwendet. Die Basthaare an die Kugel kleben und die gewünschte Frisur zuschneiden.

3. Aus naturfarbenem Blütenpapier Engelsflügel zuschneiden und auf der Zapfenrückseite befestigen. Sterne aus dem Papier ausstanzen und am Kopf ergänzen.

4. Für die Bäume der Abbildung entsprechend von den Zapfen einige Schuppen abknipsen. Zapfen auf die Aststücke kleben. Als Aufhängung ein Baumwollfadenstück doppelt legen, zusammenknoten. Knoten unterhalb eines Zapfensamens ankleben.

KÜRBIS-WEIHNACHTSMANN

Und so wird's gemacht:

1. Motiveinzelteile nach Vorlage aus Fotokarton zuschneiden. Vorlagen für Mützen- und Ärmelränder sowie für den Bommel seitenverkehrt auf die Rückseite des Velourspapiers legen, übertragen und ausschneiden. Das Gesicht mit dem Lackstift aufmalen. Für das Wangenrot Buntstiftkrümel verreiben.

2. Alle Einzelteile der Abbildung entsprechend zusammenkleben. Chenilledraht, etwa 16 cm lang, um das Bastelholz biegen und die Hände mit den Ärmelrändern auf die Enden kleben. Kopf am Bastelholz festkleben.

3. Mit dem Küchenmesser einen Schlitz in den Kürbis schneiden und den Weihnachtsmann dort hineinstecken. Für die Kerzen die getrockneten Lampionblumen auf die Korken kleben. Klebstoff gut trocknen lassen.

Du brauchst:

Fotokarton in Weiß, Apricot und Rot • Velourspapier in Weiß • Lackstifte • Buntstiftkrümel in Rot • Chenilledraht in Rot • Bastelholz (1,1 x 11 cm) • Hokkaido-Kürbis (ca. 10 cm Ø) • Korken • Getrocknete Lampionfrüchte • Alleskleber • **Vorlage 17**

WEIHNACHTSWICHTEL

Und so wird's gemacht:

1. Die Wellpappe mit Zimtstangen bekleben. Die Teelichthülle mit Deko-Tape verzieren. Etwas Tannengrün und das Teelicht samt Hülle mit reichlich Klebstoff auf den Zimtstangen befestigen; den Klebstoff gut durchtrocknen lassen.

2. Für die Wichtel die Erdnüsse (Kopf und Körper) sowie die Erbsenhälften (Nasen) der Abbildung entsprechend mit Acrylfarbe bemalen und die Farbe gut trocknen lassen. Die Nasen und die Wackelaugen aufkleben. Chenilledrahtstücke, je etwa 5 cm lang, als Bärte ergänzen.

3. Für die Mützen rote Filzkreise, je 6 cm Ø, zuschneiden und halbieren. Die Halbkreise zu „Spitzhüten" zusammenschieben und mit Klebstoff fixieren. Die Spitzen zur Seite knicken und festkleben und die Pompons ergänzen. Die Mützenränder mit Chenilledraht verzieren. Die Mützen auf die Wichtelköpfe kleben. Die Wichtel mit Klebstoff auf den Zweigen anbringen.

Du brauchst:

Wellpappe in Braun (5 x 15 cm) • Zimtstangen • Teelicht mit Aluhülle • Deko-Tape • Tannenzweig, klein • Erdnüsse (in der Schale) • Acrylfarben in Orange und Rot • Getrocknete Erbsenhälften • Wackelaugen (5 mm Ø) • Chenilledraht in Weiß • Bastelfilz in Rot • Pompons in Weiß (6 mm Ø) • Alleskleber

VORLAGEN

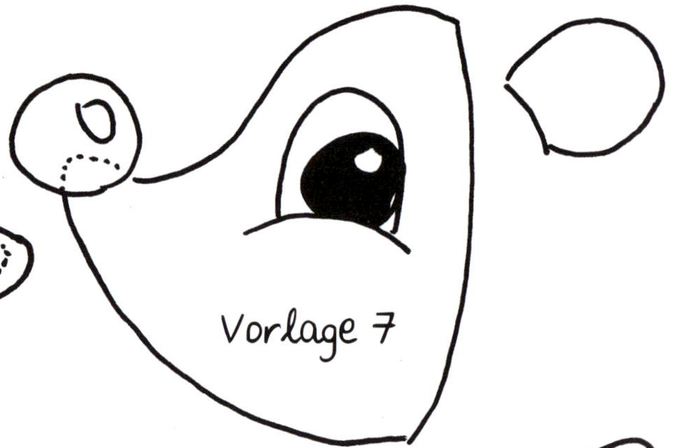

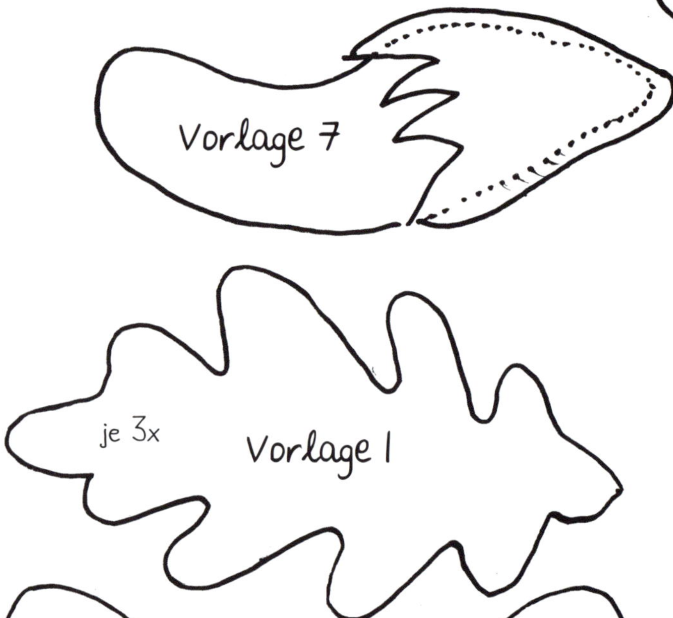

Vorlage 3

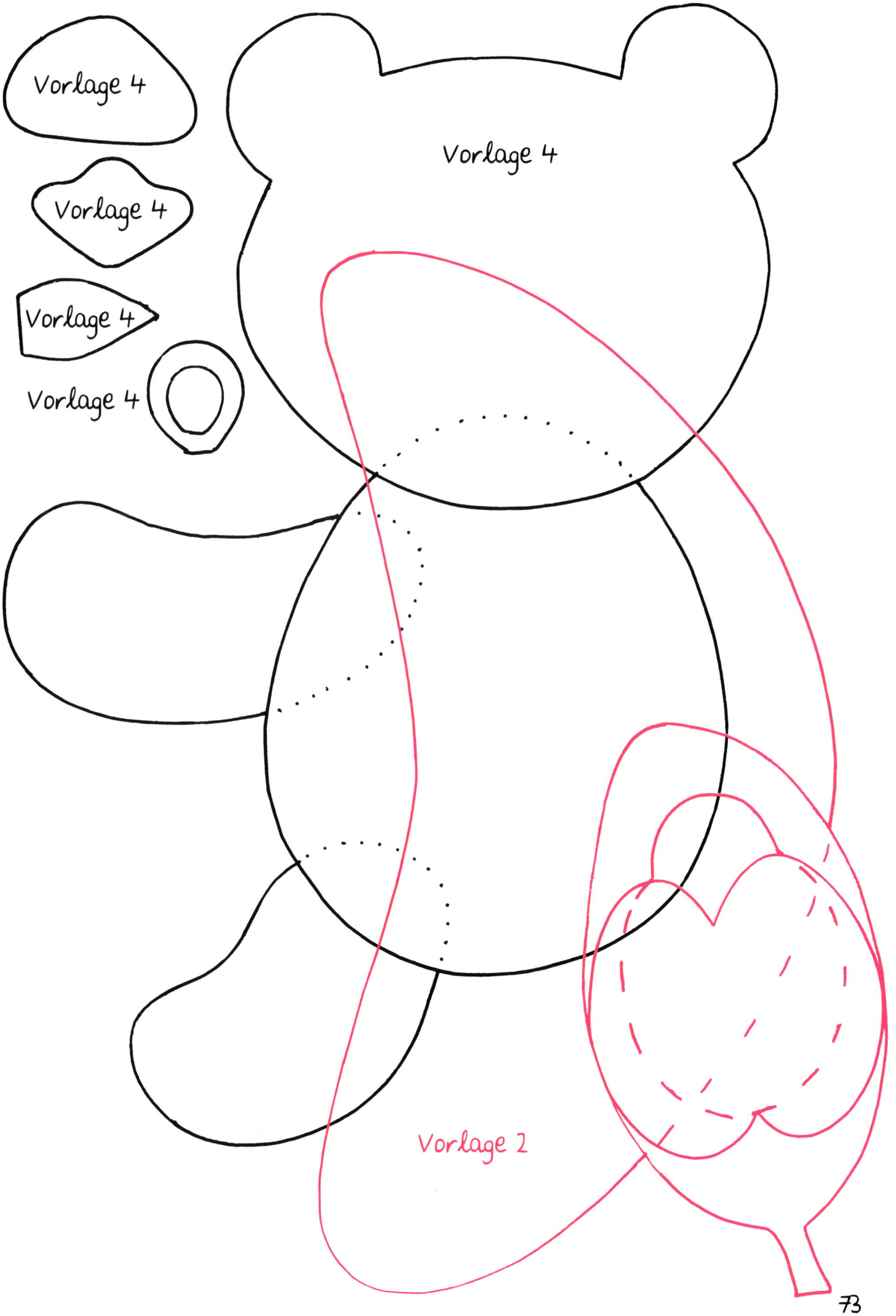
Vorlage 4
Vorlage 4
Vorlage 4
Vorlage 4
Vorlage 4
Vorlage 2

Vorlage 16
Vorlage 6
Vorlage 6

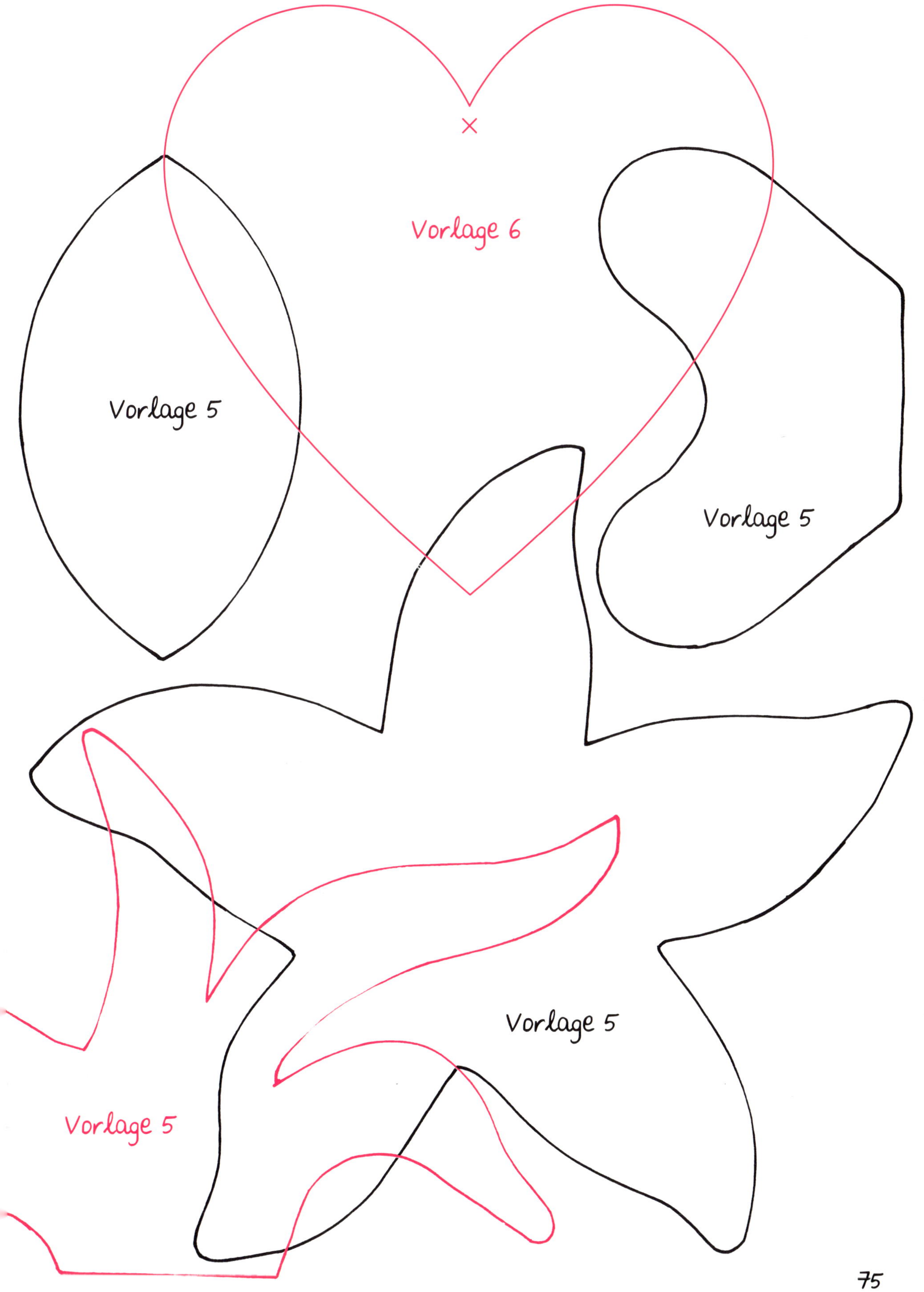
Vorlage 6
Vorlage 5
Vorlage 5
Vorlage 5
Vorlage 5

2x
Vorlage 8
Vorlage 9
Vorlage 9
Vorlage 11
Vorlage 9
Vorlage 9
Vorlage 15
2x
Vorlage 12

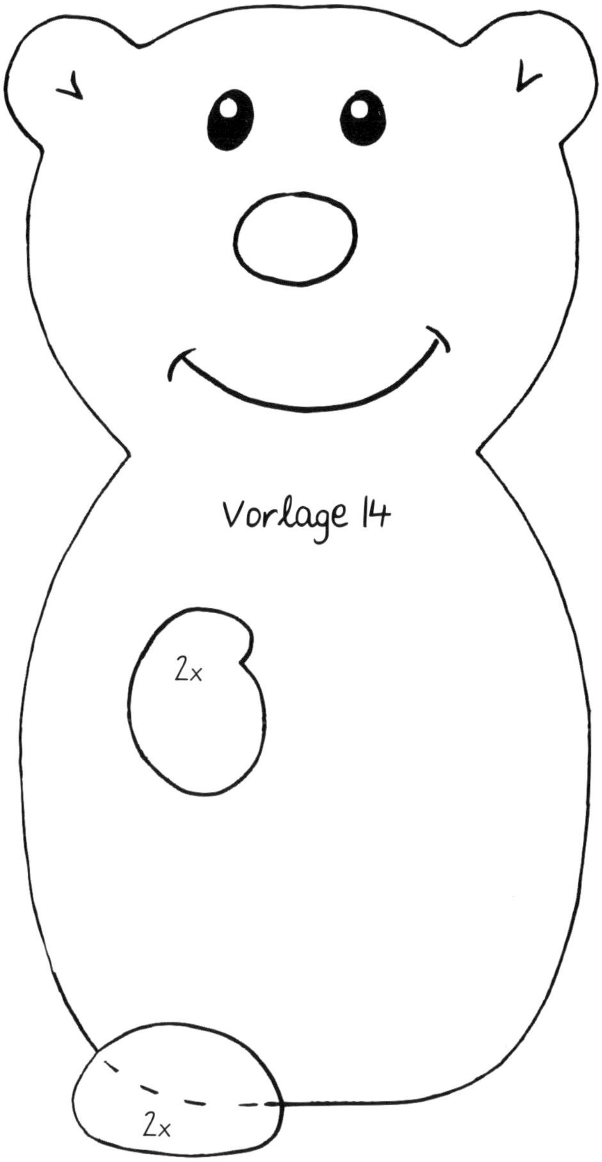
Vorlage 14
2x
2x

Vorlage 17

Vorlage 17

Vorlage 13

Vorlage 13

Vorlage 13

IMPRESSUM

Modelle: M. Dawidowski: S.32/33; A. Küssner-Neubert: S. 12–31, 34–43, 45–48, 52, 54–72; V. Wombacher: S. 44, 51, 53
Fotografie: U. Bick: S. 19, 37, 43; Fotostudio 57: S. 38, 62; U. Glasemann: S. 17; W. Hofmann: S. 16, 27, 28, 34, 45, 54, 56, 61, 64; R. Krieg: S. 13, 14, 18, 20–25, 30, 46–48, 52, 55, 60, 66–72; H. Mareth: S. 12, 44, 51; Ch. Schmolz: S. 32, 53
Lektorat: Marianne Harms-Nicolai
Redaktion: Xenia Kuczera
Gesamtgestaltung & Satz: GrafikwerkFreiburg
Reproduktionen: RTK & SRS mediagroup GmbH
Druck & Verarbeitung: Polygraf Print, Slowakei

ISBN 978-3-8388-3671-3
Art.-Nr. 3671

© 2017 Christophorus Verlag GmbH & Co. KG
Rheinfelden

Alle Rechte vorbehalten

Alle gezeigten Modelle und Fotos sind urheberrechtlich geschützt. Jede gewerbliche Nutzung ist untersagt. Dies gilt auch für eine Vervielfältigung bzw. Verbreitung über elektronische Medien.
Der Verlag hat alle Angaben und Anleitungen mit größtmöglicher Sorgfalt zusammengestellt. Dennoch kann bei Fehlern keinerlei Haftung für direkte oder indirekte Folgen übernommen werden.
Der Verlag übernimmt keine Gewähr und keine Haftung für die Verfügbarkeit der gezeigten Materialien.

Kreativ-Service

Sie haben Fragen zu den Büchern und Materialien? Frau Erika Noll ist für Sie da und berät Sie rund um alle Kreativthemen. Rufen Sie an! Wir interessieren uns auch für Ihre eigenen Ideen und Anregungen. Sie erreichen Frau Noll per E-Mail: mail@kreativ-service.info oder Tel.: +49 (0) 5052 / 91 18 58

Besuchen Sie uns im Internet: www.christophorus-verlag.de